AF391345

Vente des Vendredi 8 et Samedi 9 Juillet 1870

TRES-BEAU

MOBILIER

MODERNE

Tableaux, Objets d'art, Meubles, Bijoux
Argenterie, Diamants

HOTEL DROUOT

SALLES Nᵒˢ 3 ET 5 RÉUNIES

EXPOSITION PUBLIQUE : Le Jeudi 7 Juillet 1870

Mᵉ BAUDRY, COMMISSAIRE-PRISEUR
MM. DHIOS ET GEORGE ET CHARAVAY, EXPERTS

PARIS — 1870

EXEMPLAIRE

RENOU ET MAULDE

IMPRIMEURS DE LA COMPAGNIE DES COMMISSAIRES-PRISEURS,

Rue de Rivoli, 144.

CATALOGUE

D'UN TRÈS-BEAU

MOBILIER MODERNE

GRAND MEUBLE DE SALON, STYLE LOUIS XVI

Ameublements de salle à manger, Cabinet de travail, Chambres à coucher, Grands Tapis de Smyrne et de Perse, Ouvrages composant une bibliothèque, **Tableaux anciens et modernes**, Curiosités diverses, Groupes en biscuit, Beaux Bronzes, Pendule Louis XVI, Porcelaines de Sèvres, Objets d'étagère, Bonne Literie, Linge de ménage, Garde-Robe d'homme, Nombreuse Argenterie, Plaqué, Bijoux, Diamants.

DONT LA VENTE AUX ENCHÈRES PUBLIQUES AURA LIEU

Après décès par suite d'acceptation bénéficiaire

HOTEL DROUOT

SALLES Nᵒˢ 3 ET 5 RÉUNIES

Les Vendredi 8 et Samedi 9 Juillet 1870

A UNE HEURE

Par le ministère de Mᵉ **BAUDRY**, Commissaire-Priseur à Paris,
rue Neuve-des-Petits-Champs, 50,

Assisté, pour les Tableaux et Objets d'art, de MM. **DHIOS** et **GEORGE**,
Experts, rue Le Peletier, 33,

Et, pour les Livres, de M. **CHARAVAY**, Expert,
rue des Grands-Augustins, 28.

EXPOSITION PUBLIQUE

Le Jeudi 7 Juillet 1870, de deux heures à cinq heures

PARIS — 1870

Elle sera faite expressément au comptant et les Acqué-
reurs paieront CINQ POUR CENT en sus des enchères.

ORDRE DES VACATIONS

Le Vendredi 8 Juillet 1870 : Batterie de cuisine, Cristaux,
Verrerie, Faïence, Porcelaine, Objets d'étagère, Argenterie,
Bijoux, Diamants, et le commencement des Meubles, Sié-
ges, Tentures.

Le Samedi 9 Juillet 1870 : Les Livres, Tableaux, Linge
de ménage, Garde-robe d'homme, la continuation et la
fin des Meubles, Siéges, Tentures, etc.

DÉSIGNATION

TABLEAUX

CURIOSITÉS

Bronzes. Chevaux par *Mène*,

Coq de bruyères par J. Moigniez.

Jolie Pendule Louis XVI, en bronze doré et marbre blanc.

Statuettes en biscuit.

Deux Jardinières octogones en porcelaine de Chine, décor à mandarins.

Porcelaines diverses.

Objets d'étagères, etc.

BIBLIOTHÈQUE

Composée d'environ 1,300 volumes, la plupart reliés, parmi lesquels nous citerons les suivants :

Le livre des cent Ballades, publié par le marquis de Saint-Hilaire, impr. par Louis Perrin ; *exempl. sur vélin*, en feuilles, renfermé dans un étui.

Libellus de re vestiaria, par Baïf. *Paris, H. Estienne,* 1541 ; in-12, rel. mar.

Fables de La Fontaine, *Paris, Didot aîné,* 1781, 2 vol. in-12, rel. mar. (Capé.)

Essais de Montaigne, édit. Lefèvre. 5 vol. in-8, rel.

OEuvres de Boileau, édit. Lefèvre. 4 vol. in-8, rel.

Heures du XVIᵉ siècle, à l'usage de Metz, imprimé sur vélin, par Simon Vostre, in-4, fig.

OEuvres de Racine, édit. Lefèvre. 7 vol. in-8, rel.

OEuvres de Molière, édit. Lefèvre. 8 vol. in-8, rel.

L'Heptaméron de Marguerite de Navarre, édit. de la Société des Bibliophiles. 3 vol. in-12, rel. mar. semé de marguerites.

Lettres spirituelles de Fénelon, Lettres de piété de Bossuet, Sermons choisis de Bossuet, Bourdaloue et Massillon, édit. Téchener. 11 vol. in-12, rel. mar.

OEuvres de Lafontaine, édit. Lefèvre. 6 vol. in-8, rel.

OEuvres de Voltaire, édit. Lefèvre et Déterville. 42 vol. in-8, rel.

OEuvres de J.-J. Rousseau, édit. Lefèvre. 18 vol. in-8, fig. de Cochin, rel.

OEuvres de Molière, édit. de Bret, fig. de Moreau. 6 vol. in-8, rel.

Revue britannique. 290 vol. rel. et br.

Consulat et Empire de Thiers. 18 vol. in-8, rel.

OEuvres de Bossuet, Fénelon, Rollin, Augustin Thierry, Lingard, Massillon, Regnier, La Bruyère, Béranger, etc.

Scènes de la vie privée des Animaux; illustrées par Grandville, et Iconographie des Contemporains.

Environ 300 volumes in-12, Romans des collections Charpentier, Hetzel, Michel Lévy, Hachette, etc.

Lois de Duvergier. 45 vol., et autres livres de droit.

Pièces de théâtre, Livres d'Heures d'Engelmann, Livres de piété, Imitation de Jésus-Christ, Dictionnaire de Bescherelle, OEuvres de Lacordaire, Vie des Saints, publ. par Kellerhoven, avec fig. en chromolithographie, etc., etc.

MOBILIER

DÉSIGNATION SOMMAIRE

ANTICHAMBRE

Ameublement en bois de chêne sculpté, Transparents allemands avec encadrements en verre bleu et rouge.

Grande Horloge en bois noir avec appliques et ornements en cuivre à sonnerie.

Lustre en bronze florentin.

Console style Louis XV en bois découpé à jour.

OFFICE

Nombreux Services en porcelaine décorée et cristal taillé, Caves à liqueurs, Plateaux, Couverts à salade et anchois en écaille, Ménagères.

CUISINE

Batterie de cuisine en cuivre, fer-blanc et fer battu.

SALLE A MANGER

Grand Ameublement en bois noir sculpté.

Riche Suspension de lampe en bronze doré.

Pendule avec son socle en marqueterie.

Grands Tapis de Smyrne, Carpettes, Rideaux et Portières,

SALON

Grand et riche Garde-Cendre en bronze doré.

Riches Flambeaux, Candélabres, Bras-Appliques en bronze, Coffres à bijoux.

Grand ameublement de salon, style Louis XVI, blanc et or, recouvert en damas de soie broché vert d'eau comprenant un grand Canapé, deux Causeuses, un Siége de milieu, à dossiers renversés, six Fauteuils, six Chaises à dossiers garnis et quatre Chaises à dossiers, for- més par des lyres, Meubles à hauteur d'appui en palissan- dre avec marqueterie et appliques en cuivre doré très- finement ciselé.

Tables, Guéridons.

Ecrans de cheminée.

Coussins en cachemire brodé.

Pouffs en soie et satin de Chine, brodés, capitonnés.

Chaises légères dorées, recouvertes en damas de soie avec fleurs, oiseaux et **Amours.**

Riches rideaux et Portières molletonnés et doublés de soie blanche.

Glaces avec doubles cadres dorés à larges frontons.

Grand Tapis de Smyrne.

CHAMBRE A COUCHER

Riche Garniture de foyer et cheminée en bronze doré.

Christ en ivoire.

Gravures d'après *Ary Schaeffer et Jadin*.

Nécessaires de voyage garnis de pièces en argent, ivoire et cristal.

Ameublement en acajou moucheté.

Prie-Dieu en bois noir.

Bonne literie.

Grand lit capitonné recouvert en toile perse.

Tapis, Rideaux de portière et de croisée.

CABINET DE TRAVAIL
FORMANT BIBLIOTHÈQUE

Garnitures de foyer et cheminée en bronze doré.

Pendule de voyage de *Bourdin*.

Groupes en bronze de *Moigniez* et de *Mène*.

Remarquable bois de cerf de *Russie*.

Sabres et Epées de guerre et de cour.

Riche ameublement en bois noir à balustres avec ornements en fer poli.

Ameublement recouvert en maroquin grenat capitonné.

Grands Rideaux et Tapis en reps de soie, velours noir et moquette.

Carpette en peaux de loups et d'ours.

Très-joli et grand Médaillon ovale en porcelaine de Sèvres moderne sur fond bleu avec encadrement doré.

Ameublements de chambre en bois d'acajou et bois de chêne.

Mobilier de chambres de domestiques.

LINGE DE MÉNAGE

Torchons, Tabliers de cuisine et d'office, Serviettes de toilette, Services de table, Services à thé, Draps de maîtres et de domestiques, Rideaux et Couvertures de rechange.

Comprenant 1,056 pièces.

GARDE-ROBE D'HOMME

Chapeaux de ville et de soirée, Foulards, Chemises, Mouchoirs, Pantalons, Redingotes, Gilets, Habits, Paletots.

ARGENTERIE & VERMEIL

Plats ronds et ovales, Cafetières, Théières, Sucriers, Pots à lait, Légumières, Saucières, Couverts, pesant :

62 kilog. 880 grammes

PLAQUÉ & DOUBLÉ D'ARGENT

Réchauds, Ménagères, Porte-huillier, Théières, Dessous de carafes et Bouteilles portant les noms de *Gandais*, *Balaine* et *Christophe*.

BIJOUX

Montres, plusieurs Cachets dont un en jaspe sanguin, finement ciselé de *Stern*, Tabatières, Boîtes, Chapelets, Médaillons, Bonbonnières, Nécessaires, Flacons, Breloques, beaux éventails anciens.

Croix d'honneur en or et argent dont une ornée de brillants.

DIAMANTS

Boucles d'oreilles.

Collier

Broches.

Épingles à cheveux ornées de saphirs, Brillants et Perles.

MÉDAILLES ET JETONS

Médailles du temps de Louis XVI.

97 Jetons de la Compagnie des Agents de change de Paris et de la Compagnie l'Union.

Médaille en or offerte par la Compagnie des Agents de change de Paris.

Grandes Médailles des cathédrales du monde.

Et différentes pièces de Monnaies et Médailles.

Grande Médaille en or portant cette inscription :

IL PASSE SA VIE EN FAISANT LE BIEN

Renou et Maulde imprimeurs de la Compagnie des Commissaires-Priseurs, rue de Rivoli, 144. 6247